RACAL JUSTICE IN AMERICA

LATINX AMERICAN

EXCELLENCE
in the ARTS

EXCELENCIA en
las ARTES

BRENDA PEREZ MENDOZA

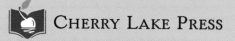
CHERRY LAKE PRESS

Published in the United States of America by Cherry Lake Publishing Group
Ann Arbor, Michigan
www.cherrylakepublishing.com

Reading Adviser: Beth Walker Gambro, MS, Ed., Reading Consultant, Yorkville, IL
Content Adviser: Carlos Hernández, PhD, Assistant Professor, Center for Latino/a and Latin American Studies, Wayne State University
Copyeditor: Lorena Villa Parkman
Book Design and Cover Art: Felicia Macheske

Photo Credits: © Jon Bilous/Dreamstime.com, 6; © Marina Endermar/Dreamstime.com, 11; © Dani Llao Calvet/Shutterstock, 15; © lev radin/Shutterstock, 18; © David Pillow/Dreamstime.com, 20; Gage Skidmore from Peoria, AZ, United States of America, CC BY-SA 2.0, via Wikimedia Commons, 24; Public Domain photo by General Artists Corporation via Wikimedia, 28; © Xinhua/Alamy, 28;© Kathy Hutchins/Shutterstock, 28; © Fred Duval/Shutterstock, 29; © DFree/Shutterstock, 29; © Enrique Gomez Tamez/Dreamstime.com, 34; © Zhukovsky/Dreamstime.com, 37; Gage Skidmore from Peoria, AZ, United States of America, CC BY-SA 2.0, via Wikimedia Commons, 40; Lesekreis, CC BY-SA 4.0, via Wikimedia Commons, 44

Library of Congress Cataloging-in-Publication Data has been filed and is available at catalog.loc.gov.

Cherry Lake Publishing Group would like to acknowledge the work of the Partnership for 21st Century Learning, a Network of Battelle for Kids. Please visit *http://www.battelleforkids.org/networks/p21* for more information.

Printed in the United States of America

Note from publisher: Websites change regularly, and their future contents are outside of our control. Supervise children when conducting any recommended online searches for extended learning opportunities.

Brenda Perez Mendoza, M.A. is an award-winning K-12 ELL specialist. She grew up a Spanish-speaker first. When she went to school, there wasn't enough support students learning the English language. That is what drove her to become an EL teacher and work with bilingual students. She works to help all students, Latinx especially, embrace their culture and celebrate who they are. Today, she lives in Chicago, Illinois, and is the mother of five beautiful and vibrant children.

Brenda Pérez Mendoza es una educadora y defensora de derechos galardonada. Creció en Cicero con el español como lengua materna. Cuando iba a la escuela, no había suficiente apoyo para los estudiantes que aprendían inglés. Eso la llevó a convertirse en una especialista en estudiantes de inglés (English Language Learners o ELL) de primaria y secundaria (K-12) y a trabajar con estudiantes bilingües. Trabaja defendiendo los derechos de todos los estudiantes, especialmente latinxs, integrando su cultura y celebrando quiénes son. Actualmente, vive en Chicago, Illinois; está comprometida con ofrecer a los estudiantes prácticas sensibles a la cultura de cada uno y a defender los derechos integrales del niño.

CHAPTER 1

Latinos in the Arts

For eleven years, E. Carmen Ramos had a mission. She wanted to expand the Latinx art collection at the Smithsonian. The Smithsonian is the world's largest museum. It is located in Washington, D.C. The Smithsonian was founded by scientist James Smithson. He wanted to create a place to celebrate the American experience.

For the first time in 2013, the Smithsonian held a large Latinx Art exhibit. The art exhibit was called Our America: The Latino Presence in American Art. This was the first time that visitors were going to learn how Latinx artists created important themes in American art. It took Ramos 3 years to create this exhibit of all-Latinx art.

CAPÍTULO 1

Latinos en las artes

Durante once años, E. Carmen Ramos tuvo una misión.
Deseaba ampliar la colección de arte latino del Smithsonian.
El Smithsonian es el museo más grande del mundo.
Se encuentra en Washington, D.C. y fue fundado por el
científico James Smithson. Él quería crear un lugar que
celebrara la experiencia estadounidense.

En 2013, el Smithsonian celebró por primera vez una gran
exposición de arte latino. La muestra se llamaba "Nuestra
América: La presencia latina en el arte americano" (*Our
America: The Latino Presence in American Art*, en inglés).
Esta fue la primera vez que los visitantes del museo iban a
poder aprender sobre cómo los artistas latinxs desarrollaron
importantes temas en el arte estadounidense. Ramos tardó
3 años en crear esta exposición compuesta íntegramente
por arte latinx.

Ramos created a space where Latinx people could be celebrated. She **radically** expanded the Smithsonian's collection of Latinx art. Ramos made sure that the Latinx experience was given an important place as part of the American experience. She created three more Latinx exhibits: *Down these Mean Streets*, *Tamayo the New York Years*, and *Printing the Revolution*. Ramos let Latinx voices echo through the halls of the Smithsonian.

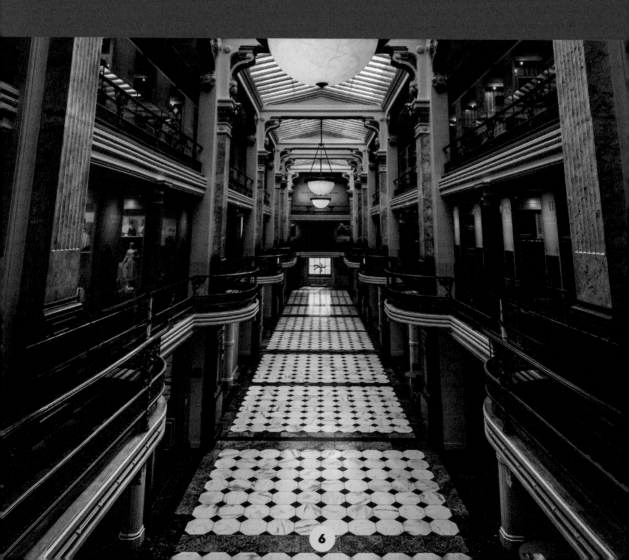

Ramos creó un espacio para celebrar a la gente latinx. Al hacerlo, amplió **radicalmente** la colección de arte latinx del Smithsonian. Asimismo, se cercioró de que a la experiencia latinx se le diera un lugar importante como parte de la experiencia estadounidense. Luego crearía tres exposiciones más sobre arte latinx: "Por estas calles malas" (*Down these Mean Streets*), "Tamayo: Sus años en Nueva York" (*Tamayo the New York Years*) e "Imprimiendo la revolución" (*Printing the Revolution*). Ramos dejó que las voces de los latinxs hicieran eco en los pasillos del Smithsonian.

◀ Inside the Luce Foundation Center for American Art within the Smithsonian American Art Museum

◀ Vista interior del Centro de la fundación de arte americano Luce (Luce Foundation Center for American Art, en inglés) dentro del Museo de arte americano Smithsonian (Smithsonian American Art Museum, en inglés)

Latinx art, music, theater, and writing are unique forms of expression. Latin American arts developed from a combination of Indigenous, African, and European influences. The widespread **colonization** of the Americas created shared experiences among Latin American peoples. European colonizers brought their language, religion, and arts. They also enslaved African peoples and brought them by force to the Caribbean, Central, and South America, among other places. African peoples brought their own languages, religions, and arts. These styles all blended with the existing Indigenous cultures to create something new.

El arte, la música, el teatro y la escritura de autores latinxs son formas únicas de expresión. Las artes latinoamericanas se desarrollaron a partir de una combinación de influencias indígenas, africanas y europeas. La extensa **colonización** de las Américas creó experiencias compartidas entre los pueblos latinoamericanos. Los colonizadores europeos trajeron su lengua, su religión y sus artes. También esclavizaron a personas africanas y las trajeron por la fuerza al Caribe, a América Central y a América del Sur, entre otros lugares. La gente africana trajo su propia lenguas, religiones y artes. Todos estos estilos se mezclaron con las culturas indígenas preexistente y así se gestó algo nuevo.

Latin American culture and arts have long been important parts of life in the United States. Iconic murals by Diego Rivera fill the walls of the Detroit Institute of Arts. The music of Latin American musicians have topped the charts for decades. Latinx excellence in the arts makes the world a richer place and gives us all something to strive for.

A portion of Diego Rivera's *Detroit Industry Murals* at the Detroit Institute of Arts in Detroit, Michigan ▶

Un detalle del mural de Diego Rivera titulado Detroit Industry Murals en el Instituto de artes de Detroit (Detroit Institute of Arts, en inglés), en Detroit, Michigan. ▶

Durante mucho tiempo, la cultura y las artes latinoamericanas han sido parte importante de la vida en los Estados Unidos. Los murales icónicos de Diego Rivera llenan las paredes del Instituto de Artes de Detroit; la música de artistas latinoamericanos ha liderado las listas de éxitos por décadas. La excelencia latina en las artes hace del mundo un lugar más rico y nos da a todos algo por lo que luchar.

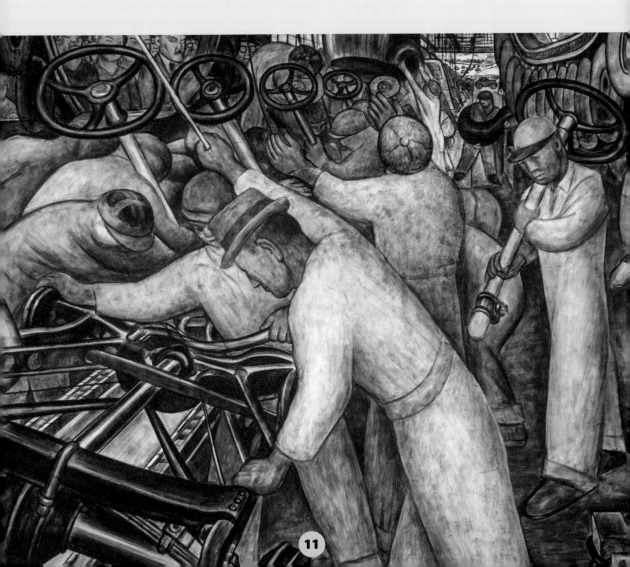

CHAPTER 2

Excellence in Music

Latin American music is popular throughout the world. Its unique combination of percussion sounds from Indigenous and African cultures set it apart. Styles such as cumbia, bachata, merengue, and salsa influenced popular Latin music today. Cumbia began in Colombia. Bachata and merengue began in the Domincan Republic. The unique Mexican American music called **Tejano** developed in Texas. Many countries in Latin America have their own interpretation of these different musical styles.

CAPÍTULO 2

Excelencia en la música

La música latinoamericana es popular en todo el mundo. Su combinación única de sonidos de percusión de las culturas indígenas y africanas hace que destaque. Los estilos como cumbia, bachata, merengue y salsa tuvieron una gran influencia en la música latina popular de hoy en día. La cumbia comenzó en Colombia. La bachata y el merengue comenzaron en República Dominicana. La música mexicoamericana única llamada **texana** (llamada *Tejano* en inglés) se desarrolló en Texas. Muchos países de América Latina tienen su propia interpretación de estos diversos estilos musicales.

Latin American music has a history of protests against oppression. Often, Indigenous peoples under Spanish colonizers were only allowed to express themselves through music. In Brazil, the Capoeira, a mix of martial arts and dance, has been used as a form of protest for centuries. Mexico has music that is also very political. The corridos tells the story of the Mexican struggle with poverty. Mariachi was used to empower Mexicans during the Mexican Revolution.

Two men practice
Capoeira on a beach. ▶

Dos hombres practican
capoeira en la playa. ▶

La música latinoamericana tiene una gran historia de protesta contra la opresión. A menudo, a los pueblos indígenas que vivían bajo el control de los colonizadores españoles solo se les permitía expresarse a través de la música. En Brasil, la Capoeira, una mezcla de artes marciales y danza, se ha utilizado por siglos como forma de protesta. México también tiene música que es muy política. El género musical corrido, por ejemplo, se usa para narrar la historia de la lucha mexicana contra la pobreza. El mariachi, por su parte, se usó para empoderar a los mexicanos durante la Revolución mexicana.

There are many Latinx musicians who have contributed to Latinx music excellence. Many of them have achieved the highest honor in music, receiving an American Grammy. Ricky Martin started singing in San Juan, Puerto Rico, as a child in the popular boy band Menudo. Menudo was a musical phenomenon that started in Puerto Rico and became popular all over the United States. Ricky Martin went on to win two Grammys. Some people were shocked when former teen idol Ricky Martin came out as a member of the LGBTQ+ community. This was an important cultural moment for the Latinx community.

Marc Anthony is another famous Puerto Rican singer and songwriter. He was born in New York city and was raised in Spanish Harlem. Marc Anthony won three American Grammys and six Latin Grammys. He is the best-selling Salsa singer, and he holds a Guinness World record for selling the most Salsa records in history.

Moments of Excellence: The Latin Grammys were created in 1989, the organizers of this event felt that the music of Latinos was too vast and diverse to fit into the regular Grammys.

Hay muchos músicos latinxs que han contribuido a la excelencia de la música latina. Muchos de ellos han alcanzado el honor más alto de la música: recibir un premio Grammy. Cuando era niño, Ricky Martin comenzó a cantar en San Juan, Puerto Rico, en el conjunto popular Menudo. Menudo fue un fenómeno musical que comenzó en Puerto Rico y llegó a ser popular a lo largo y ancho de los Estados Unidos. Ricky Martin logró ganar dos premios Grammy. Algunas personas se sorprendieron cuando el ex ídolo adolescente Ricky Martin se declaró miembro de la comunidad LGBTQ+. Este fue un momento cultural importante para la comunidad Latinx.

Marc Anthony es otro famoso cantautor puertorriqueño. Nació en la Ciudad de Nueva York y creció en Harlem hispano. Marc Anthony ganó tres premios Grammy estadounidenses y seis premios Latin Grammy. Es el cantante de salsa mejor vendido, y tiene un récord Guinness por vender la mayor cantidad de discos de salsa en la historia.

Momentos de excelencia: Los premios Latin Grammy fueron creados en 1989. Los organizadores de este evento sentían que la música de los latinxs era demasiado vasta y diversa como para encajar en los premios Grammy regulares.

Gloria Estefan is a Cuban American who was born in Havana, Cuba. She always knew she wanted to be a singer. When she came to Miami, she first joined the Miami Boys and later became the lead singer of Miami Sound Machine. She received seven Grammys and was given the Presidential Medal of Freedom.

Celia Cruz first became famous in Cuba and then became popular in the United States. She was known as "La Garacha de Cuba" and "The Queen of Salsa". Cruz was able to perfect the Afro-Cuban style of ruba, garacha, and bolero. She won two American Grammys and three Latino Grammys. She became an advocate for Cuban refugees and spoke out about the injustices Cubans faced when they were **exiled** from Cuba. She was a Black Latinx icon.

Gloria Estefan es una cubanoamericana que nació en La Habana, Cuba. Siempre supo que quería ser cantante. Cuando llegó a Miami, se unió a los Miami Boys y más tarde se convirtió en la cantante principal de Miami Sound Machine. Recibió siete premios Grammy y se le otorgó la Medalla Presidencial de la Libertad.

Celia Cruz primero se hizo famosa en Cuba y luego se hizo popular en los Estados Unidos. La conocían como "La Guarachera de Cuba" y "La Reina de la Salsa". Cruz fue capaz de perfeccionar el estilo afrocubano de la rumba, la guaracha y el bolero. Ganó dos premios Grammy estadounidenses y tres premios Latin Grammy. Se convirtió en una defensora de los refugiados cubanos y habló sobre las injusticias a las que se enfrentaban los cubanos cuando fueron **exiliados** de Cuba. Ella era un ícono latina negra.

◀ Gloria Estefan won MusiCares "Person of the Year" in 1994. MusiCares is an organization that provides money and services for people in need within the music community.

◀ Gloria Estefan ganó el premio MusiCares "Persona del año" en 1994. MusiCares es una organización que otorga dinero y servicios a personas necesitadas dentro de la comunidad musical.

One singer and songwriter that changed the history of music was Selena, the Queen of Tejano. Selena's style, personality, and humbleness made her one of the most famous Mexican American artists of all time. Selena performed with her siblings across Texas in a band called Selena y Los Dinos. Selena won nine times for the best Tejano Vocalist of the Year. Her most popular songs were "Como La Flor" and "Amor Prohibido" that became an anthem for Latina teenage girls in the 1990s. Selena was the first Tejano musician to ever win an American Grammy.

Otra cantante y compositora que cambió la historia de la música fue Selena, la Reina de la Música Texana. El estilo, la personalidad y la humildad de Selena la convirtieron en una de las artistas mexicoamericanas más famosas de todos los tiempos. Selena se presentaba con sus hermanos en Texas en una banda llamada Selena y Los Dinos. Ganó nueve veces el premio a la Mejor Cantante de Música Texana del Año. Sus canciones más populares eran "Como la flor" y "Amor prohibido", que se convirtieron en verdaderos himnos para las adolescentes latinas en la década de 1990. Selena fue la primera artista de música texana en ganar un Grammy estadounidense.

◀ A mural of Selena, by artist Jeremy Biggers, on the side of Top Ten Records in Dallas, Texas.

◀ Un mural de Selena, por el artista Jeremy Biggers, al lado de la tienda Top Ten Records en Dallas, Texas.

CHAPTER 3

Excellence in the Performing Arts

For much of Hollywood's history, Latinx performers have been denied opportunities. Latinx people are **underrepresented** on Broadway, as well. According to the Actors Equity Association, only 3.1% of their members are Latinx. Less than 6% of roles created in film are made for Latino characters.

According to the Government Accountability Office, Latinos continue to be underrepresented and misrepresented even though Latinx films are very popular. Being misrepresented means that even when people are represented in the performing arts, the description is misleading or gives a distorted perspective.

CAPÍTULO 3

Excelencia en las artes escénicas

Durante gran parte de la historia de Hollywood, a los artistas latinxs se les han negado oportunidades. Las personas latinxs también están **subrepresentadas** en Broadway. Según la organización Actors Equity Association, solamente el 3.1 % de sus miembros son latinxs. Menos del 6 % de los papeles creados en cine están pensados para personajes latinxs.

Según la Oficina de Responsabilidad del Gobierno, los latinxs siguen estando subrepresentados y mal representados a pesar de que las películas latinas son muy populares. Ser mal representado significa que, incluso cuando las personas están siendo representadas en escena, la caracterización es engañosa u ofrece una perspectiva distorsionada.

On National Public Radio, Representative Joaquin Castro, chair of the Congressional Hispanic Caucus, said, "Latinos are effectively excluded or sidelined from much of American media. That's not only culturally inconvenient for the Latino community but it can also be dangerous." If we are not allowed to tell our own Latinx stories, others may try to tell the Latinx experience. This leads to misrepresentation and even **stereotypes**.

En la Radio Pública Nacional (*National Public Radio* o NPR, en inglés), el representante Joaquín Castro, presidente del Caucus Hispano del Congreso, dijo: "Los latinos están efectivamente excluidos o marginados de gran parte de los medios estadounidenses. Eso no solo es culturalmente inconveniente para la comunidad latina, sino que también puede ser peligroso". Si no se nos permite a los latinxs contar nuestras propias historias, otros pueden tratar de narrar la experiencia latina. Esto lleva a malas representaciones e incluso a **estereotipos**.

◀ Representative Joaquin Castro speaks at an event.

◀ El representante Joaquín Castro da un discurso durante un evento.

Even though it has been difficult for Latinx Americans to find opportunities in the performing arts, some have been able to overcome those barriers. For example, Diosa Costello was the first Latina in a Broadway musical. Dolores del Rio was the first Mexican movie star in Hollywood. She was known for performing traveling dramas across Mexico and the U.S. Explore more Latinx stars below.

Moments of Excellence: Guillermo del Toro was nominated for seven Academy Awards. He won Best Motion Picture of the Year and Best Achievement in Directing for the *The Color of Water*. Del Toro was nominated for Best Animated Feature Film for *Pinocchio*.

A pesar de que ha sido difícil para los latinoamericanos encontrar oportunidades en las artes escénicas, algunos han podido superar esas barreras. Por ejemplo, Diosa Costello fue la primera latina en un musical de Broadway. Dolores del Río fue la primera estrella de cine mexicana en Hollywood. Era conocida por su trabajo en dramas itinerantes a través de México y Estados Unidos.
A continuación, conoce más sobre otras estrellas latinx.

Momentos de excelencia: Guillermo del Toro fue nominado a siete premios Óscar. Ganó el premio a Mejor Película y a Mejor Director por *La forma del agua*. Del Toro también fue nominado en la categoría de Mejor Película de Animación por *Pinocho*.

DESI ARNAZ was born in Cuba and immigrated to the U.S. as a teenager. He was famous for his role as Ricky Ricardo in the show *I Love Lucy*. Desi Arnaz became a pioneer and symbol for the modern man. His role as Ricky helped people view Latinx men as supportive husbands and fathers.

DESI ARNAZ nació en Cuba y emigró a los Estados Unidos cuando era adolescente. Se hizo famoso por su papel de Ricky Ricardo en el programa *Yo amo a Lucy*. Desi Arnaz se convirtió en un pionero y en un símbolo del hombre moderno. Su papel como Ricky ayudó a que la gente comenzara a ver a los hombres latinos como esposos y padres presentes.

ROBERTO GÓMEZ BOLAÑOS, known by his stage name Chespirito, is considered by some to be one of the greatest comedians in history. He created the show *El Chavo del Ocho*. The show was widely popular among Latinx Americans. Bolaños produced, wrote, directed, and acted in the show.

ROBERTO GÓMEZ BOLAÑOS, conocido por su nombre artístico Chespirito, es considerado por algunos como uno de los cómicos más grandes de la historia. Fue quien creó el programa televisivo *El Chavo del 8*. El programa fue muy popular en Latinoamérica. Bolaños produjo, escribió, dirigió y actuó en el programa.

RITA MORENO defied the odds, as well. She was born in Puerto Rico. She is one of the few Latinx performers to have Emmy, Grammy, Oscar, and Tony Awards. People call this achievement an EGOT. Moreno's most famous performance was in *West Side Story* as Anita. Moreno almost did not take the role because of how Latinx people were being represented in the movie. The lead characters in the movie were Caucasian in brown face make-up, something that is considered very offensive. Many Latinx people grew up watching and loving the movie West Side Story, but many also continue to be conflicted with the harmful stereotypes in the movie.

RITA MORENO también superó todas las expectativas. Nació en Puerto Rico. Es una de las pocas artistas latinas en tener premios Emmy, Grammy, Oscar y Tony. La gente llama a este logro un "EGOT". La actuación más famosa de Moreno fue en *West Side Story*, como Anita. Moreno estuvo a punto de rechazar el papel debido a cómo representaban a los latinxs en la película. Los personajes principales de la película eran blancos con maquillaje marrón, algo que se considera muy ofensivo. Muchas personas latinas crecieron viendo y amando la película West Side Story, pero muchas también tienen sentimientos encontrados en relación con los estereotipos dañinos que aparecen en esta película.

LIN-MANUEL MIRANDA won a Tony Award for his musical, *In the Heights*. This musical won Best Original Score. He also wrote the score and songs for *Moana*, *Encanto*, *Vivo*, and *Hamilton*. Miranda ended up winning one Grammy, a Golden Globe nomination, a Pulitzer Prize, two Tony Awards, and various other awards for *Hamilton*. He has won many other awards in general. What makes Lin-Manuel Miranda distinct in the arts is that not only is he a musical genius, but he is also an activist. He participated in the Washington D.C. March for Our Lives to help end gun violence. Miranda also helped raise millions of dollars for Puerto Rico after Hurricane Maria.

LIN-MANUEL MIRANDA ganó un premio Tony por su musical *In the Heights*. Esta obra ganó el premio a Mejor Partitura Original. Él también escribió la partitura y las canciones de Moana, *Encanto*, *Vivo* y *Hamilton*. Miranda terminó recibiendo cinco premios Grammy, una nominación al Globo de Oro, un premio Pulitzer y dos premios Tony. Lo que distingue a Lin-Manuel Miranda en las artes es que no solo es un genio musical, sino que también es un activista. Participó en la "Marcha por nuestras vidas" en Washington D.C. para ayudar a poner fin a la violencia armada. Miranda también ayudó a recaudar millones de dólares para Puerto Rico después del huracán Maria.

YALITZA APARICIO was nominated in 2018 for a Best Actress award for her role in *Roma*. She made *TIME Magazine*'s 100 Most Influential People of 2019 list. Aparicio is known for speaking out about **colorism** and the anti-Indigenous views in Mexico. In some ethnic groups, being lighter-skinned is valued more than being darker-skinned. Aparicio started having these important conversations to draw attention to the truth about colorism, classism, and discrimination within the Latinx community.

YALITZA APARICIO fue nominada en 2018 a un premio a la Mejor Actriz por su papel en *Roma*. En 2019, fue nombrada una de las 100 personas más influyentes del mundo por la revista *TIME*. Aparicio es conocida por hablar sobre el **colorismo** y las opiniones antiindígenas en México. En algunos grupos étnicos, ser de piel más clara se valora más que el color de piel más oscuro. Aparicio comenzó a mantener estas importantes conversaciones para llamar la atención sobre la verdad detrás del colorismo, el clasismo y la discriminación dentro de la comunidad latina.

CHAPTER 4

Excellence in the Visual Arts

Like Latin American music, Latin American visual arts developed from a mix of Indigenous, African, and European influences. Indigenous use of geometric shapes and patterns can still be seen in Latin American art today. The visual arts include painting, weaving, pottery, mosaics, sculpture, and others. Fresco painting was brought to Latin America by the Spanish during colonization. It was used to create large murals. Mestizo muralism became very popular in Mexico, Columbia, New York, Los Angeles, and Chicago. Muralist artists used the art form to create political and cultural expressions.

CAPÍTULO 4

Excelencia en las artes visuales

Las artes visuales latinoamericanas, así como la música, se desarrollaron a partir de una mezcla de influencias indígenas, africanas y europeas. El uso indígena de formas geométricas y patrones todavía se puede ver en el arte latinoamericano de hoy en día. Las artes visuales incluyen pintura, tejido, cerámica, mosaicos y escultura, entre otras. La pintura al fresco fue traída a América Latina por los españoles durante la colonización. Se utilizaba para crear grandes murales. El muralismo mestizo se hizo muy popular en México, Colombia, Nueva York, Los Ángeles y Chicago. Los muralistas utilizaron esta forma de arte para crear expresiones políticas y culturales.

There are many important Latinx Artists that have contributed to the visual arts. Maria Izquerdo was a famous painter from Jalisco, Guadalajara. She revolutionized the art world in Mexico. Izquerdo started painting after the Mexican revolution. She was the first Mexican woman to display her art in the United States.

Diego Rivera was born in 1886 in Guanajuato, Mexico. Rivera created art that expressed the importance of the Mexican people and the Mexican experience. Rivera's art can be found throughout the world. He influenced generations of artists after him.

Moments of Excellence: Pedro Linares was a Mexican Artist. He was the first to create Alebrijes. Linares was inspired to create Alebrijes from a dream he had when he was sick with a fever. Alebrijes are mythical creatures often made of wood, paper-mâché, and very bright colors. Alebrije is a fictious word that was said by the mythical creatures Linares dreamed about.

Hay muchos artistas latinxs importantes que han contribuido a las artes visuales. María Izquierdo fue una famosa pintora jalisciense de Guadalajara. Revolucionó el mundo del arte en México. Izquierdo comenzó a pintar después de la Revolución mexicana. Fue la primera mujer mexicana en exponer su arte en los Estados Unidos.

Diego Rivera nació en 1886 en Guanajuato, México. Rivera creaba obras que expresaban la importancia del pueblo mexicano y la experiencia mexicana. El arte de Rivera se puede encontrar en todo el mundo. Tuvo mucha influencia en generaciones de artistas que vinieron después de él.

Momentos de excelencia: Pedro Linares fue un artista mexicano. Fue el primero en crear "alebrijes". Linares se inspiró para crear los alebrijes en un sueño que tuvo cuando estaba enfermo con fiebre. Los alebrijes son criaturas míticas, a menudo hechas de madera y papel maché, con colores muy brillantes. "Alebrije" es una palabra inventada que decían las criaturas míticas con las que soñaba Linares.

Frida Kahlo was born in 1907 in Coyoacán, Mexico City in a blue house. That house is now known as "Casa Azul." Kahlo always said, "I paint myself because I am often alone, and I am the subject I know the best." Kahlo and Diego Rivera married. Kahlo's distinctive style, her resilience, and unique personality made her an iconic figure in Mexican culture.

Frida Kahlo nació en 1907 en Coyoacán, Ciudad de México, en una casa de color azul. Esa casa ahora se conoce como "Casa Azul". Kahlo siempre decía: "Me pinto a mí misma porque a menudo estoy sola, y soy el tema que mejor conozco". Kahlo y Diego Rivera se casaron. El estilo distintivo de Frida, su resiliencia y su personalidad única la convirtieron en una figura icónica de la cultura mexicana.

◀ A Frida Kahlo painting titled *Frieda and Diego Rivera*

◀ La pintura de Frida Kahlo titulada Frieda y Diego Rivera

Jean-Michel Basquiat was born in New York in 1960. His father was Haitian. His mother was Puerto Rican. Basquiat elevated American street graffiti into a world-wide phenomenon, transforming the art world. He began painting on walls in Manhattan with fellow painters Al Diaz and Shannon Dawson. They created a persona called SAMO©, leaving anonymous messages spray painted on walls and trains.

A mural in New York City by Eduardo Kobra featuring Andy Warhol and Jean-Michel Basquiat ▶

Un mural por Eduardo Kobra de los retratos de Andy Warhol y Jean-Michel Basquiat, en la Ciudad de Nueva York. ▶

Jean-Michel Basquiat nació en Nueva York en 1960. Su padre era haitiano. Su madre era puertorriqueña. Basquiat elevó el grafiti callejero estadounidense a un fenómeno mundial que transformó el mundo del arte. Comenzó a pintar en las paredes de Manhattan con sus compañeros pintores Al Díaz y Shannon Dawson. Crearon un pseudónimo llamado SAMO©, que dejaba mensajes anónimos pintados en las paredes y los trenes.

CHAPTER 5

Excellence in Literature

Latinx writers in the United States have set a standard of excellence in children's literature, especially. Their words are read and taught in classrooms across the United States, weaving the Latinx experience into the fabric of American life.

Sandra Cisneros is an important Mexican American writer. Cisneros started her career as an educator at Latino Youth High School in Chicago. She is considered one of the most famous **Chicana** writers in American history. Her most famous novel is *The House on Mango Street*. It is about a 12-year-old girl raised in Chicago. The story tells about the Chicano experience.

CAPÍTULO 5

Excelencia en la literatura

Los escritores latinxs en los Estados Unidos han fijado un estándar de excelencia en la literatura; especialmente en la literatura infantil. Sus palabras se leen y se enseñan en las escuelas a lo largo y ancho de los Estados Unidos, implantando la experiencia latina en la vida americana.

Sandra Cisneros es una importante escritora mexicoamericana. Cisneros comenzó su carrera como educadora en la escuela Latino Youth High School de Chicago. Es considerada una de las escritoras **chicanas** más famosas de la historia estadounidense. Su novela más famosa es *La casa en Mango Street*. Es sobre una niña de 12 años criada en Chicago. La historia habla sobre la experiencia chicana.

Cisneros has won many awards throughout the years. She is not only a writer, but is also an educator and advocate. Cisneros said once, "We do this work because the world we live in is a house on fire and the people we love are burning." She also said in an interview once that she couldn't be happy being the only Latina being published in the U.S. Cisneros went on to say that there are so many magnificent Latinx writers, but that there need to be more opportunities.

Cisneros ha ganado muchos premios a lo largo de los años. No solo es educadora y escritora, sino también activista. Sandra dijo una vez: "Hacemos este trabajo porque el mundo en el que vivimos es como una casa en llamas en la que las personas que amamos están ardiendo". También dijo en una entrevista una vez que no podía estar feliz de ser la única latina cuyos libros estaban siendo publicados en los EE. UU. Cisneros añadió que hay muchos magníficos escritores latinxs, pero que es necesario que haya más oportunidades.

◀ Sandra Cisneros speaks with audience members at "Legacies: A Conversation with Sandra Cisneros, Rita Dove and Joy Harjo" at Arizona State University.

◀ Sandra Cisneros habla con la audiencia en un evento en la Arizona State University titulado: "Legacies: A Conversation with Sandra Cisneros, Rita Dove and Joy Harjo".

dedicated her life to writing culturally inclusive literature for children. She is the original founder of El Día de Los Libros, a celebration that focuses on promoting literacy to Latinx children. Mora has written numerous books. The books are written in English and Spanish and capture what it is to grow up in a Latino family.

Gary Soto has won many awards. He has written about 21 children's books, as well as many books of poetry. He was born in California to Mexican American parents. He worked as a Young People's Ambassador for the United Farm Workers of America. He was the first Mexican American to earn an MFA at University of California, Irvine.

Books by Pat Mora

Pat Mora had written over 30 books for children, 8 for adults, and 2 poetry books for teens. Some of her most famous children's books include:

A Birthday Basket for Tía

A Piñata in a Pine Tree

Abuelos

Book Fiesta

The Gift of the Poinsettia

Gracias-Thanks

Pablo's Tree

Pat Mora es una educadora mexicoamericana que ha dedicado su vida a escribir literatura culturalmente inclusiva para niños. Es la fundadora original de El Día de Los Libros, una celebración que se centra en promover la alfabetización de los niños latinxs. Mora ha escrito muchos libros. Sus libros están en inglés y español y muestran cómo es crecer en una familia latina.

Gary Soto ha ganado muchos premios. Ha escrito cerca de 21 libros para niños y muchos libros de poesía. Nació en California; es hijo de padres mexicoamericanos. Trabajó como Embajador de Jóvenes para la Unión de Campesinos. Fue el primer mexicoamericano en obtener una maestría en Bellas Artes en la Universidad de California, en Irvine.

Libros de Pat Mora

Pat Mora ha escrito más de 30 libros para niños, 8 para adultos y 2 de poesía para adolescentes. Algunos de sus libros infantiles más famosos son:

Abuelos
Book Fiesta
Gracias-Thanks

El regalo de la flor de Nochebuena
Una canasta de cumpleaños para Tía
Una piñata en un pino

Isabel Allende writes about the immigrant experience. She is from Chile. Her style of writing is described as magical realism. Her most famous novel is *The House of Spirits*. Allende was inducted into the American Academy of Art and Letters for her contributions to literature. Former President Obama also awarded Allende the Presidential Medal of Freedom.

Juan Felipe Herrera is a poet and children's author. He was Poet Laureate of California from 2012-2015. A Poet Laureate is a poet who is appointed to represent a place.

Isabel Allende escribe sobre la experiencia de los inmigrantes. Ella es de Chile. Su estilo de escritura se describe como realismo mágico. Su novela más famosa es *La casa de los espíritus*. Allende fue incluida en la Academia Estadounidense de las Artes y las Letras por sus contribuciones a la literatura. El expresidente Obama también le otorgó a Allende la Medalla Presidencial de la Libertad.

Juan Felipe Herrera es poeta y escritor de literatura infantil. Fue nombrado Poeta Laureado de California de 2012 a 2015. Un Poeta Laureado es un poeta que es designado como representante de un lugar.

◀ Isabel Allende is known for writing in the genre of magical realism. Magical realism is characterized by elements of magic or fantasy that exist in the real world in the story.

◀ Isabel Allende es reconocida por escribir obras del género realismo mágico. El realismo mágico se caracteriza por elementos de magia o fantasía que existen en el mundo real en el contexto de la historia del libro.

ACHiEVE EXCELLENCE!

The future of Latinx excellence is you! If you identify as Latinx, make your mark. Many pioneers have paved the way for you. Continue to pave the way for future generations.

If you don't identify as Latinx, you can still play a big role. Support Latinx communities. Amplify Latinx achievements. Everyone can promote racial justice. You can choose a better world.

Here are some activities to promote Latinx Americans in the arts:

- Interview some Latinx people working in the arts. Learn about what they do. Learn about their education and training. Learn about some of the obstacles they face. Write profiles about them. Send their profiles to your· local newspapers and get them recognized.

- Learn about your family history. Learn about your family's struggles. Do an art project to represent your family's story. Think about how Latinx artists use art to tell their stories.

¡ALCANZA LA EXCELENCIA!

¡El futuro de la excelencia latina eres tú! Si te identificas como latinx, deja tu huella. Muchos pioneros han abierto el camino para ti. Continúa abriendo el camino para las generaciones futuras.

Si no te identificas como latinx, aún así puedes desempeñar un papel importante. Apoya a las comunidades de latinxs. Potencia los logros de los latinxs. Todos pueden promover la justicia racial. Puedes elegir un mundo mejor.

Estas son algunas actividades para promover a los latinxs en las artes:

- Entrevista a algunas personas latinxs que trabajen en las artes. Aprende sobre lo que hacen. Aprende sobre su educación y formación. Aprende sobre algunos de los obstáculos a los que deben hacer frente. Escribe perfiles sobre ellos. Envía sus perfiles a los periódicos locales y haz que los reconozcan.

- Aprende sobre tu historia familiar. Aprende sobre las dificultades que atravesó tu familia. Haz un proyecto de arte que represente la historia de tu familia. Piensa en cómo los artistas latinxs usan el arte para contar sus historias.

EXTEND YOUR LEARNING

Books

Ada, Alma Flor. *I Love Saturdays y domingos*. New York, NY: Antheum Books for Young Readers, 1999.

Ryan, Pam Muñoz. *Esperanza Rising*. New York, NY: Scholastic, 2002.

Websites

With an adult, learn more online with these suggested searches.

"Molina Family Lantino Gallery." The Smithsonian.

National Museum of Mexican Art

"Latin American Songs for Kids." All Around this World.

GLOSSARY

Chicana/o (Chih-KAH-nuh/noh) People of Mexican descent living in the United States

colonization (kah-luh-nuh-ZAY-shuhn) the act of one country taking over another country or area through force, usually with attempts to erase the culture that was there first

colorism (KUH-luh-rih-zuhm) the discrimination of someone's skin color in their own ethnic group

exiled (EG-zye-uhl) forced from one's home or country

radically (RAA-dih-klee) in an extreme way

stereotypes (STAIR-ee-uh-tyepts) widely held attitudes that are usually inaccurate, oversimplified, and prejudiced

Tejano (tay-HAH-noh) Tex-Mex popular music; a Texan of Latinx descent

underrepresented (uhn-der-reh-prih-ZEN-tuhd) not represented enough

INDEX

EXPANDE TU APRENDIZAJE

Libros

Ada, Alma Flor. *I Love Saturdays y domingos*. New York, NY: Antheum Books for Young Readers, 1999.

Ryan, Pam Muñoz. *Esperanza Rising*. New York, NY: Scholastic, 2002.

Sitios web

Junto con un adulto, aprende más en línea con estas búsquedas sugeridas.

"Molina Family Lantino Gallery." The Smithsonian.

National Museum of Mexican Art

"Latin American Songs for Kids." All Around this World.

GLOSARIO

chicana/o: persona de ascendencia mexicana que vive en los Estados Unidos

colonización: el acto de un país que asume el control de otro país o área a través de la fuerza, generalmente con intenciones de borrar la cultura que estaba allí originalmente

colorismo: la discriminación del color de la piel de alguien dentro de su propio grupo étnico

exiliado: forzado a abandonar su hogar o país

radicalmente: de forma extrema

estereotipos: actitudes generalizadas que son usualmente inexactas, simplificadas y que cargan con prejuicios

texana: música popular Tex-Mex; persona texana de ascendencia latina

subrepresentado: no suficientemente representado

INDICE